MUST READ Analisi del libro

L'aiuto

· · · · · · · · · · · · · · ·

Kathryn Stockett

ANALISI DEL LIBRO

Scritto da Florence Balthasar
Tradotto da Sara Rossi

L'aiuto

· ·

KATHRYN STOCKETT

**La conoscenza
a portata di mano!**

MUST READ

www.50minutes.com

Ripassate i vostri argomenti preferiti
con i nostri titoli pratici

KATHRYN STOCKETT

SCRITTRICE AMERICANA

- **Luogo e data di nascita: Jackson (Stati Uniti), 1969.**
- **Opera principale:**
  - *The Help* (2009), romanzo

Kathryn Stockett è una scrittrice contemporanea. Nata nel 1969 da una famiglia bianca a Jackson, nello Stato del Mississippi (Stati Uniti), dopo aver studiato inglese e scrittura creativa all'Università dell'Alabama, si è stabilita a New York, dove ha lavorato per diversi anni come redattrice per una rivista. Dal 2001 vive ad Atlanta, nello stato della Georgia.

Cresciuta nel Mississippi negli anni Settanta, si è confrontata direttamente con la questione dei rapporti tra bianchi e neri negli Stati Uniti e, in particolare, negli stati del Sud. A questa esperienza personale deve in parte l'ispirazione per il suo primo romanzo, *"L'aiuto"*, pubblicato nel 2009.

L'AIUTO

UN ROMANZO POLIFONICO

- **Genere:** romanzo
- **Edizione di riferimento:** Stockett, K. (2009) *The Help*. New York: Amy Einhorn Books.
- **Prima edizione:** 2009
- **Temi:** razzismo, scrittura, lavoro, testimonianza, società americana degli anni Sessanta, segregazione

"L'aiuto" è il romanzo d'esordio di Kathryn Stockett. L'autrice ha impiegato cinque anni per scriverlo e ha dovuto affrontare decine di rifiuti prima che il suo lavoro fosse finalmente accettato da una casa editrice. Questa difficoltà di pubblicazione contrasta con l'enorme successo che il romanzo ha riscosso alla sua uscita, sia negli Stati Uniti che all'estero.

Quest'opera, attraverso la sua struttura polifonica, presenta una accanto all'altra le voci di tre donne che vivono a Jackson, nel Mississippi, nel 1962. Le prime due, Aibileen e Minny, sono nere. La terza donna, Skeeter, è bianca e si interroga sui diritti della società in cui vivono. Il suo progetto di pubblicare un libro di testimonianze avvicinerà queste tre donne contro ogni aspettativa e metterà in discussione le basi dello stile di vita americano.

SINTESI

Il romanzo è suddiviso in 34 capitoli, la cui narrazione è affidata alternativamente ad Aibileen, Minny e Miss Skeeter, ad eccezione del capitolo 25, dove subentra un narratore esterno. La storia è ambientata negli Stati Uniti degli anni Sessanta, un periodo in cui il razzismo era ancora molto presente.

UN LIBRO CRITICO

Aibileen ha 53 anni e lavora a casa dei Leefolt come domestica. È molto affezionata alla giovane Mae Mobley, affidata alle sue cure e trascurata dai genitori.

Anche Minny, la migliore amica di Aibileen, è una domestica. Purtroppo, è stata licenziata da Miss Walters perché accusata di furto da Hilly Holbrook, una donna profondamente razzista. Hilly suggerì l'installazione di bagni separati per bianchi e neri. Consapevole dell'ingiustizia del modo in cui viene trattata, Minny si vendica in un modo troppo terribile per essere menzionato. Fortunatamente, viene subito assunta da Celia Foote, che lo fa in segreto. Per mantenere la sua posizione, deve rispettare un'unica regola: se Johnny Foote, il marito di Celia, dovesse tornare a casa prima del previsto, lei dovrà nascondersi nei bagni. Tuttavia, un giorno si incontrano per caso e decidono di far finta che lui non ne sappia nulla.

Miss Skeeter, giovane donna di buona famiglia, torna a casa dai genitori dopo gli anni di studio all'Università di Ole Miss. La madre sogna di vederla sposata e le annuncia l'imminente visita di Stuart Whitworth, che secondo lei è un buon partito. Skeeter lo incontra, ma non vuole sposarsi. Il suo sogno è lavorare per una casa editrice di New York. Seguendo il consiglio di Elaine Stein, un'editrice di New York, viene assunta al Jackson Journal, ma viene incaricata di una rubrica domestica, che non le piace. Si sente estranea alle preoccupazioni delle sue migliori amiche d'infanzia, Hilly ed Elizabeth, e si chiede quale sia la sorpresa di cui le ha parlato Constantine, la cameriera che l'ha cresciuta e perché abbia lasciato la casa prima di tornare. Per trovare una risposta, pone queste domande ad Aibileen, che la informa che Constantine è stata licenziata dopo che la figlia, dalla pelle molto chiara, si è comportata in modo inaccettabile dai Phelan.

Poco dopo, Aibileen si rende conto che Skeeter vuole cambiare le cose e ne parla con Minny. Allo stesso tempo, vengono a sapere che Robert, un giovane di colore, è stato picchiato da due uomini bianchi dopo aver usato i bagni senza esserne autorizzato, cosa che sconvolge profondamente Skeeter. Questo crimine si ripete qualche tempo dopo quando Medgar Evers, il segretario del settore locale dell'associazione per la difesa dei diritti civili dei neri, viene ucciso da membri del Ku Klux Klan. La giovane donna decide allora di scrivere un libro sulla situazione dei neri e chiede ad Aibileen di collaborare. In un primo momento, Aibileen rifiuta, menzionando i rischi che un tale progetto comporterebbe per lei.

Elaine Stein si interessa al progetto di Skeeter, che le dice di essere sicura di poter raccogliere testimonianze, anche se questo è lontano dalla verità. Tuttavia, Aibileen richiama Skeeter per dirle che accetterà di testimoniare e che parlerà con Minny: l'avventura del libro è iniziata. Minny le fa capire la gravità della situazione e che non si tratta di un gioco. Tuttavia, questo non impedisce ad Aibileen di parlare del progetto ad altri domestici di colore che accettano di partecipare.

UN PROGETTO CHE UNISCE LE PERSONE

Skeeter si reca di nascosto da Aibileen per iniziare il colloquio, ma il suo metodo non è all'altezza e rimandano l'incontro. Due giorni dopo, ci riprovano: questa volta, Aibileen legge a Skeeter ciò che aveva scritto in precedenza. Chiede, inoltre, alla giovane donna di prendere in prestito dei libri dalla biblioteca pubblica, riservata ai bianchi; Skeeter ne approfitta per cercare informazioni sulle leggi Jim Crow. Più tardi, Skeeter dice ad Aibileen di aver dimenticato la borsa in cui ci sono i libri sulla situazione dei neri al circolo dove si riuniscono tutte le signore e che Hilly l'ha trovata.

 ## BUONO A SAPERSI: LE LEGGI JIM CROW

Le leggi Jim Crow erano ordini dichiarativi applicati negli Stati Uniti. Esse distinguevano i cittadini in base alle loro origini e istituivano la segregazione razziale. Ad esempio, i neri non potevano frequentare gli stessi luoghi pubblici, le scuole, ecc. dei bianchi.

Nel frattempo, Hilly sta conducendo una campagna per la creazione di servizi igienici appositamente per i domestici, con il pretesto di misure igieniche.

Skeeter si chiede cosa abbia spinto Stuart a rompere il fidanzamento con la sua ex fidanzata, Patricia, e i suoi genitori incontrano ufficialmente i Whitworth. Alla fine, il fidanzamento non ha luogo.

A causa di un errore commesso di proposito da Skeeter, il giardino degli Holbrooks è pieno di vecchi gabinetti. Hilly, che organizza l'annuale ballo di beneficenza, rifiuta l'aiuto di Celia, che ha recentemente subito un aborto spontaneo. Viene anche a sapere che Minny lavora presso i Foote.

Celia scopre che il marito di Minny la picchia. Le due donne vengono aggredite da un esibizionista e si difendono valorosamente. Celia si prepara per il ballo di beneficenza, durante il quale spera di riconciliarsi con Hilly, ma il giorno dell'evento, Celia viene notata per il suo abbigliamento e strappa il vestito di Hilly che vince il primo premio, una torta al cioccolato preparata da Minny. Più tardi, Celia si prende gioco di Hilly, perché sa che Minny, per vendicarsi di essere stata licenziata ingiustamente, aveva dato a questa una torta al cioccolato e aveva aspettato che la mangiasse per dirle che l'aveva fatta con i suoi escrementi.

Il manoscritto, a cui era stato aggiunto l'episodio della torta di Hilly come garanzia, viene accettato. Il libro verrà pubblicato e la città di Jackson, pur non sapendo di essere il soggetto del libro, ne è entusiasta. Quando viene pubblicato, Hilly riceve una copia del libro.

Il gruppo di donne aspetta che Hilly dichiari che il romanzo non riguarda Jackson, ma un'altra città: se non lo fa, tutti potrebbero scoprire che è stata lei a mangiare la torta al cioccolato di Minny. Hilly ha capito perfettamente che si tratta di lei e minaccia Skeeter. Tuttavia, i suoi sforzi sono vani, perché sa che è meglio non rivelare chi ha mangiato la torta. Skeeter decide di partire per New York, dove una rivista è disposta ad assumerla.

Minny lascia il marito, mentre Aibileen viene allontanata dai Leefolt su richiesta di Hilly. Nonostante la tristezza per aver lasciato Mae Mobley, si consola pensando di continuare a scrivere. Minny, Skeeter e Aibileen vengono ringraziate calorosamente (ma con discrezione, a causa dei rischi che comportavano) dalla comunità nera di Jackson.

STUDIO DEI PERSONAGGI

AIBILEEN

All'età di 53 anni, è la prima dei tre narratori a raccontare la storia, il che dimostra la sua importanza. Serva alle dipendenze della famiglia Leefolt, è testimone silenziosa delle loro bassezze quotidiane e si sofferma con discrezione sull'educazione di Mae Mobley. Aibileen incarna, quindi, una forma di compassione e amore universale: qualunque sia il colore della pelle del bambino di cui si prende cura, lo ama come se fosse il suo. Questa tenerezza è dovuta anche alla perdita del figlio, morto a causa dei pregiudizi razziali su cui era costruita la società del Mississippi.

Aibileen è anche la prima ad accettare di collaborare con Skeeter, prima per aiutarla a scrivere le sue rubriche domestiche, poi per testimoniare anonimamente sulla sua situazione. È il contraltare di Skeeter: nera e non bianca, ma altrettanto intelligente e consapevole dell'ingiustizia della situazione; essendo la sua famiglia povera, ha dovuto lasciare la scuola per lavorare, mentre Skeeter, di famiglia benestante, ha potuto frequentare il college. Eppure, si sente a suo agio con le parole ed è in realtà una scrittrice senza saperlo, come dimostrano le sue preghiere, che scrive direttamente sul suo taccuino e che diventano la prima fonte del libro collettivo.

MINNY JACKSON

La migliore amica di Aibileen, il suo temperamento sanguigno e il suo modo di parlare la rendono diversa da lei. Minny è piccola e grassa, con folti e lucenti riccioli castani e ha diciassette anni in meno di Aibileen. Ottima cuoca, Minny non riesce a stare in silenzio quando non è d'accordo con qualcosa e non esita a vendicarsi quando lo ritiene necessario, come dimostra l'episodio di Hilly e la torta.

Dietro il suo aspetto forte, si rivela una moglie infelice e una madre coraggiosa. Minny è l'incarnazione del duro destino delle impiegate di Jackson e, più in generale, di tutte le donne nere degli Stati Uniti, costrette a subire umiliazioni sul lavoro e a sostenere da sole la maggior parte delle responsabilità familiari.

EUGENIA "SKEETER" PHELAN

Delle tre donne, è l'unica bianca. Pur appartenendo alla buona società di Jackson, si differenzia dalle altre ragazze della sua classe sociale per diversi aspetti, che le permettono di occupare una posizione chiave. Di spirito molto più libero rispetto alle amiche Elizabeth e Hilly, prigioniere delle convenzioni sociali, Skeeter desidera emanciparsi e avere un lavoro che la interessi, piuttosto che sposarsi e avere figli.

Deve il suo soprannome alle sue lunghe braccia e alle sue gambe sottili, che le conferiscono una silhouette malandata: è nata così e, crescendo, è diventata ancora più simile a una zanzara.

All'età di 22 anni, quando torna dal college, è quindi molto più giovane di Aibileen e Minny ed è lei a dare il via alla ricerca, avendo l'idea di raccogliere le testimonianze dei domestici, motivo del loro incontro segreto. Nella società descritta nel romanzo, Skeeter è una delle uniche persone a essere consapevole del fatto che la segregazione è una situazione ingiusta, non evidente e modificabile.

Skeeter è definita anche dalle sue ambizioni letterarie, che si scontrano con le pressioni della famiglia affinché si sposi prima di ogni altra cosa. Il suo personaggio è, quindi, una figura autoriale: il progetto di raccogliere testimonianze è, all'inizio, un modo per convincere Elaine Stein, l'editore di New York, delle sue competenze professionali. In questo modo, il romanzo sembra essere costruito su una mise en abyme (una strategia letteraria in cui un'opera d'arte viene inserita in un'altra opera): il libro che il lettore sta leggendo è quello scritto da Skeeter? Inoltre, il libro che Skeeter sta scrivendo porta lo stesso titolo del romanzo vero e proprio, i personaggi sono gli stessi e il suo romanzo è anche polifonico. Quindi, Skeeter potrebbe essere un riflesso del vero autore del vero romanzo.

CHARLOTTE PHELAN

Rappresenta l'ultima generazione di proprietari terrieri bianchi del sud degli Stati Uniti, che impiegano ancora molte persone di colore, discendenti degli schiavi, per lavorare nelle loro piantagioni. Il modo in cui tratta Constantine e sua figlia mette in evidenza la differenza tra bianchi e neri. Senza essere deliberatamente cattiva, è incapace di scrollarsi di dosso le ingiuste costrizioni implicite nella società in cui ha vissuto per tutta la vita. La malattia che la corrode può essere interpretata come il decadimento dei valori di una società antiquata in cui l'apparenza e il buon matrimonio sono meglio dell'indipendenza e della libertà di pensiero. Tuttavia, una volta pubblicato il libro, sostiene la figlia.

HILLY HOLBROOK

Incarna l'egoismo e il razzismo di base, dietro le sue arie di moglie perfetta e cittadina caritatevole. Non vorrebbe cambiare nulla della società che l'ha collocata dalla parte giusta, in una famiglia borghese e bianca.

STUART WHITWORTH

Il pretendente perfetto all'apparenza è figlio di un uomo potente e all'inizio Skeeter lo detesta fortemente. Tuttavia, la loro relazione si evolve e porta al fidanzamento. Alla fine, però, Stuart incarna ciò contro cui Skeeter combatte silenziosamente: l'ipocrisia delle persone che sono al potere e vogliono restarci. Questa relazione, che si conclude con un fallimento, permette a Skeeter di prendere una decisione sulla sua posizione e di fare cambiamenti radicali nella sua vita, che la portano a recarsi a New York, dove troverà la sua indipendenza professionale e intellettuale.

CELIA FOOTE

Definita dalla sua ingenuità e dalla sua ignoranza delle convenzioni della buona società di Jackson, assume Minny di nascosto per evitare che il marito si accorga della sua scarsa conoscenza della gestione della casa. La sua mancanza di pregiudizi e la sua solitudine la portano a fare amicizia con la domestica, che le piace e allo stesso tempo diffida di lei. Celia svolge anche il ruolo di capro espiatorio nella società femminile bianca incarnata da Hilly: oggetto di invidia per il suo matrimonio e di disprezzo per le sue origini modeste, viene derisa e umiliata finché non si vendica.

COSTANTINE

Inconsapevolmente, è lei la ragione del progetto di Skeeter: è a causa della sua scomparsa che Skeeter decide di interrogare Aibileen e Minny sulla sorte delle domestiche nere. Incarna la figura dell'istitutrice che sostituisce in un certo senso la madre, il che la colloca nell'eredità letteraria di Margaret Mitchell (il personaggio di Mammy in *"Via col vento"*) e di William Faulkner (Dilsey in *"L'urlo e il furore"*).

PERSONAGGI SECONDARI

Si dividono essenzialmente nel gruppo delle domestiche (Kiki Brown, Yule May, Pascagoula, ecc.) e nel gruppo delle famiglie bianche (Elizabeth e Raleigh Leefolt, i Phelan, la signorina Walters, ecc.)

ANALISI

UN ROMANZO POLIFONICO

"L'aiuto" è un romanzo la cui struttura può essere definita polifonica: ogni capitolo è dedicato alla voce di un personaggio, che racconta un episodio della storia dal suo punto di vista. È questa alternanza di voci che costruisce la storia e fa progredire la trama: tre donne, Aibileen, Minny e Skeeter, si alternano per raccontare cronologicamente gli eventi che dettano la vita delle famiglie bianche di Jackson e dei loro domestici.

Questo tipo di costruzione permette di fare diverse cose:

- In primo luogo, la storia è introdotta in tre modi diversi, secondo le tre diverse prospettive di cui sopra. Lo stile di ciascuno dei narratori è perfettamente identificabile: Skeeter, che ha studiato al college, usa un linguaggio elevato, mentre quello di Aibileen è più semplice e quello di Minny è pieno di espressioni colloquiali. Questo mette in evidenza le idiosincrasie, cioè il modo unico e tipico in cui ogni persona usa la propria lingua madre: le tre donne si esprimono in modo diverso, a seconda della loro appartenenza sociale.

- Ci sono tre prospettive e tre sensibilità che si esprimono su una stessa storia: moltiplicando le prospettive, Stockett sottolinea la complessità della situazione, che può essere compresa da diverse angolazioni, ciascuna ugualmente valida.

- Inoltre, la costruzione polifonica le permette di intrecciare le voci: Aibileen, Minny e Skeeter non si sentono in tre blocchi successivi, ma parlano costantemente a turno. In questo modo, il romanzo permette ciò che la società rappresentata ha proibito, ossia la libera circolazione della parola e del pensiero, l'incontro delle prospettive. Mentre l'intero Mississippi è diviso, con bianchi e neri su fronti separati, il romanzo li riunisce, mescolando le voci delle tre donne, dei due gruppi sociali, attraverso la letteratura.

- Infine, la polifonia conferisce alla storia un maggiore dinamismo: ogni capitolo, raccontato da un punto di vista specifico, è necessariamente incompleto e deve essere arricchito dalla voce successiva. È il lettore che, scoprendo le voci una dopo l'altra, raccoglie e posiziona i pezzi del puzzle. Interrompendo la propria narrazione per lasciare al narratore successivo la ribalta, ogni voce crea una sensazione di suspense: per un momento, una parte della storia viene lasciata da parte e un'altra prende temporaneamente il sopravvento. Questa efficienza narrativa spiega in parte il successo del romanzo, che ha ricevuto una calorosa accoglienza da parte dei lettori.

UN QUADRO DELLA SOCIETÀ DEGLI ANNI SESSANTA NEGLI STATI UNITI MERIDIONALI

"L'aiuto" è un salto indietro nel tempo: scritto negli anni Duemila, si concentra su un periodo abbastanza recente della storia degli Stati Uniti, ma non ancora abbondantemente trattato in letteratura. Infatti, la trama è ambientata nel Mississippi del 1962: nonostante l'interdizione della

segregazione razziale negli anni '40, la società del sud degli Stati Uniti era divisa. Dando voce a tre donne che occupano posizioni sociali diverse in quella società, la Stockett ha trasformato *"L'aiuto"* in un romanzo storico: gli usi e i costumi di quella società e di quel periodo sono descritti e citati in modo realistico.

Consideriamo, ad esempio, l'educazione dei figli e la condizione femminile: con la situazione di Mae Mobley, viene evocato il disinteresse delle donne per i propri figli, anche se lei deve mostrare un certo interesse per soddisfare le aspettative sociali. Allo stesso modo, l'insistenza della madre di Skeeter sull'importanza di conformarsi alle aspettative sociali e di apparire come una giovane donna timida e discreta per attirare un marito e creare una famiglia rispettabile, rivela la pressione sulle donne della borghesia. Anche la cultura del sud dell'America viene evocata, attraverso la descrizione delle abitudini alimentari e dei pasti preparati dalle cameriere, che Minny cerca di insegnare a Celia Foote.

Vengono presi in considerazione anche aspetti più seri della società: il desiderio di separare lo spazio sociale nei suoi più piccoli dettagli, fino ai servizi igienici, è illustrato dall'insistenza di Hilly per avere bagni separati per bianchi e neri. Il libro che Skeeter trova mentre fa ricerca è una raccolta di leggi Jim Crow per il sud, un elenco di leggi che definiscono ciò che i neri possono o non possono fare in una serie di stati del sud degli Stati Uniti. Il libro enumera le diverse modalità di separazione dei cittadini in base al colore della pelle.

Così, da una prospettiva politica e sociale, il romanzo dipinge una società al tempo stesso lontana e vicina, che ha dato origine agli attuali Stati Uniti. Scegliendo l'anno 1962, Kathryn Stockett ci ricorda l'importanza di una pagina della storia americana contemporanea: un anno dopo, il 28 agosto 1963, Martin Luther King (pastore americano, 1929-1968) pronunciò il famoso discorso "I have a dream" durante una marcia a Washington per la libertà e il lavoro. Poi, nel luglio 1964, fu firmato il Civil Rights Act, che rendeva illegale qualsiasi tentativo di discriminazione basato sul sesso, sul colore della pelle o sull'origine sociale.

Le tre narratrici, bianche e nere, sono così poste sull'orlo di questi cambiamenti cruciali per la società americana; appaiono come i loro catalizzatori, nella scala minore di Jackson, e i loro umili destini si uniscono a quelli di modelli illustri, come Rosa Parks (1913-2005) o Martin Luther King, che hanno modificato profondamente la società degli Stati Uniti.

REGISTRI DI MISCELAZIONE

La rappresentazione di questa società violenta e ingiusta, dove l'equilibrio del dominio si basa su principi razzisti, è tuttavia alleggerita dal trattamento comico di alcuni episodi, che intrattengono il lettore senza sminuire l'importanza dell'argomento. L'incredibile scherzo di Minny a spese di Hilly, ad esempio, è un'illustrazione di questo principio: l'ingrediente sostitutivo messo nella torta è legato a un immaginario infantile, dove la vendetta permette di fare l'impensabile e di far mangiare i propri escrementi a un nemico, prendendo alla lettera l'espressione. A questo episodio, che inscrive Minny in una tradizione rabelaisiana (Rabelais era uno scrittore francese, 1494-1553), si può aggiungere quello dei gabinetti lasciati davanti alla rispettabilissima casa di Hilly:

un simbolo intimo viene utilizzato e collocato nella sfera pubblica, creando così una situazione comica: nonostante le tre donne corrano dei rischi reali riunendosi per scrivere il libro, è comunque possibile ridere di alcune situazioni umoristiche create da una società ingiusta.

ULTERIORI RIFLESSIONI

ALCUNE DOMANDE SU CUI RIFLETTERE....

- Che cosa aggiunge al romanzo la struttura polifonica?
- Come viene rappresentata la comunità nera nel romanzo?
- Come vengono rappresentate le donne nel romanzo?
- Come viene rappresentato il Mississippi nel romanzo?
- Perché possiamo dire che il personaggio di Skeeter è una figura autoriale?
- Cosa rappresenta il personaggio di Celia Foote?
- Quali potrebbero essere le ragioni dell'immediato successo de *"L'aiuto"* sia negli Stati Uniti che all'estero?
- Confrontate la visione della società americana, soprattutto in termini di rapporti tra bianchi e neri, in *"L'aiuto"* e in *"Il buio oltre la siepe"* di Harper Lee (1960).
- Quali sono le differenze tra il romanzo e il suo adattamento cinematografico, in particolare in termini di struttura e narrazione? In che modo queste differenze influenzano il film?

ULTERIORI LETTURE

EDIZIONE DI RIFERIMENTO

Stockett, K. (2009) *The Help*. New York: Amy Einhorn Books.

ADATTAMENTI

The Help. (2011) [Film]. Tate Taylor. Dir. USA: DreamWorks SKG.

Vogliamo sapere da voi!
Lasciate un commento sulla vostra biblioteca online
e condividete i vostri libri preferiti sui social media!

Perché scegliere Must Read?

Scoprite tutto quello che c'è da sapere su un libro, con i nostri riassunti e le nostre analisi concise e approfondite!

Scoprite il meglio della letteratura sotto una luce completamente nuova!

www.50minutes.com

Sebbene l'editore faccia ogni sforzo per verificare l'accuratezza delle informazioni pubblicate, 50minutes.com non si assume alcuna responsabilità per il contenuto di questo libro.

© 50minutes.com, 2023. Tutti i diritti riservati.

www.50minutes.com

Master ISBN: 9782808691086
ISBN cartaceo: 9782808612487
Deposito legale: D/2023/12603/1528

Copertura: © Primento

Concezione digitale a cura di Primento, il partner digitale degli editori.